92 Recetas de Comidas Y Jugos Para Mejorar La Fertilidad

Vuélvase Más Fértil Rápidamente

Por

Joe Correa CSN

DERECHOS DE AUTOR

Esta publicación está diseñada para proveer información precisa y autoritaria respecto al tema en cuestión. Es vendido con el entendimiento de que ni el autor ni el editor están envueltos en brindar consejo médico. Si éste fuese necesario, consultar con un doctor. Este libro es considerado una guía y no debería ser utilizado en ninguna forma perjudicial para su salud. Consulte con un médico antes de iniciar este plan nutricional para asegurarse que sea correcto para usted.

RECONOCIMIENTOS

Este libro está dedicado a mis amigos y familiares que han tenido una leve o grave enfermedad, para que puedan encontrar una solución y hacer los cambios necesarios en su vida.

92 Recetas de Comidas Y Jugos Para Mejorar La Fertilidad

Vuélvase Más Fértil Rápidamente

Por

Joe Correa CSN

CONTENIDOS

ACERCA DEL AUTOR

Luego de años de investigación, honestamente creo en los efectos positivos que una nutrición apropiada puede tener en el cuerpo y la mente. Mi conocimiento y experiencia me han ayudado a vivir más saludablemente a lo largo de los años y los cuales he compartido con familia y amigos. Cuanto más sepa acerca de comer y beber saludable, más pronto querrá cambiar su vida y sus hábitos alimenticios.

La nutrición es una parte clave en el proceso de estar saludable y vivir más, así que empiece ahora. El primer paso es el más importante y el más significativo.

INTRODUCCION

92 Recetas de Comidas Y Jugos Para Mejorar La Fertilidad: Vuélvase Más Fértil Rápidamente

Por Joe Correa CSN

La reproducción es una cosa común para todos los seres vivos. Sin embargo, a veces no sucede en el momento que lo planeamos. Cuando escarba un poco debajo de la superficie, encontrará que las dificultades al concebir ocurren más a menudo de lo que parece. Y pasa a lo largo de todo el mundo.

Cuidar su salud reproductiva y prepararse para el embarazo significa que deberá cambiar algunos de sus hábitos, especialmente los alimenticios.

Muchos estudios han demostrado que una dieta saludable puede mejorar e impulsar la fertilidad. También puede prevenir las pérdidas de embarazos recurrentes, mejorar el embarazo, y la salud general en una nueva madre. Una comida llena de nutrientes variados es la clave para un sistema reproductivo saludable: ambos los espermas y óvulos están literalmente protegidos con antioxidantes, vitaminas y minerales.

Mis recetas están basadas en alimentos que ayudarán a su

cuerpo a mantener su balance hormonal, incrementando la ingesta de nutrientes, para darle la posibilidad de tener un embarazo normal y saludable.

Las grasas saturadas, el colesterol y ácidos grasos esenciales, son importantes para el desarrollo de un feto y su crecimiento. Las comidas como el pescado, aceite de coco, carnes alimentadas con pasto, frutos secos, semillas y otros, son ricos en colesterol saludable que mantendrá la producción hormonal en su cuerpo. Este libro le enseñará a preparar estas comidas deliciosas sin mucho esfuerzo.

Cuidar de su salud antes y durante el embarazo significa que está creando una nueva y saludable vida para su futuro hijo.

COMPROMISO

Para impulsar mi fertilidad, yo (tu nombre), me comprometo a comer más de estas comidas diariamente y ejercitar al menos 30 minutos por día:

- Bayas (especialmente arándanos), duraznos, cerezas, manzanas, damascos, naranjas, jugo de limón, pomelo, mandarinas, peras, etc.
- Brócoli, espinaca, verdes de ensalada, batatas, palta, alcachofa, maíz bebé, zanahorias, apio, coliflor, cebollas, etc.
- Granos enteros, copos, avena, quínoa, cebada, etc.
- Frijoles negros, frijoles rojos, garbanzos, lentejas, etc.
- Frutos secos y semillas, incluyendo: nueces, anacardos, linaza, semillas de sésamo, etc.
- Pescado
- 8 a 10 vasos de agua

Firma aquí

X ______________

92 RECETAS DE COMIDAS Y JUGOS PARA MEJORAR LA FERTILIDAD: VUÉLVASE MÁS FÉRTIL RÁPIDAMENTE

RECETAS DE COMIDA

1. Cereal de Pistacho y Quínoa con Miel

Ingredientes:

2 cucharadas de pistachos, sin sal

1 taza de Yogurt griego, orgánico

1 taza de quínoa blanca

2 cucharaditas de miel

½ cucharaditas de extracto de vainilla

1 taza de agua fresca

Preparación:

Verter la quínoa en una olla con agua hirviendo. Hervir por 15 minutos y remover del fuego. Trozar los pistachos y añadirlos a la olla.

Combinar el yogurt, vainilla y miel. Revolver bien.

Verter una capa de la mezcla de quínoa y cubrir con la mezcla de yogurt en vasos. Repetir el proceso hasta terminar los ingredientes.

Información nutricional por porción: Kcal: 260, Proteínas: 11.2g, Carbohidratos: 39.5g, Grasas: 7.3g

2. Batido Fresco de Jugo de Manzana

Ingredientes:

1 taza de espinaca bebé, trozada

½ taza de Pepino Inglés, sin cáscara y en rodajas

¼ taza de jugo de manzana, sin azúcar

¼ taza de agua fresca

Preparación:

Combinar todos los ingredientes en una licuadora. Mezclar hasta obtener una mezcla suave. Transferir a vasos para servir. Refrigerar por 20 minutos.

Información nutricional por porción: Kcal: 110, Proteínas: 4.5g, Carbohidratos: 22.1g, Grasas: 1.5g

3. Omelette de Salmón y Espárragos

Ingredientes:

4 onzas de rodajas de salmón salvaje, secos

8 huevos de corral

¼ taza de cebolla, en cubos

3 onzas de espárragos, cocidos

1 cucharada de leche, orgánico

2 cucharaditas de aceite de canola

1 diente de ajo en cubos

2 cucharadas de perejil fresco, trozado fino

1 cucharadita de jugo de limón

1 cucharadita de alcaparras, molidas

1 cucharadita de eneldo fresco, molido

Preparación:

Precalentar el aceite en una sartén antiadherente a fuego medio/alto. Añadir la cebolla y freír por 1 minuto, luego agregar los espárragos y continuar cocinando 1 minuto más. Añadir el jugo de limón y esparcir los vegetales bien en el fondo.

Combinar los huevos, leche y especias en un tazón grande. Sazonar con sal y pimienta a gusto. Verter la mezcla en la sartén y cocinar por 1 minuto.

Dar vuelta la mezcla y cubrir con rodajas de salmón. Reducir el fuego al mínimo y cocinar por 3 minutos más, o hasta que estén listos. Remover del fuego y doblar el omelette antes de servir.

Información nutricional por porción: Kcal: 350, Proteínas: 40.5g, Carbohidratos: 9.7g, Grasas: 14.2g

4. Batido de Pepino y Manzana

Ingredientes:

½ taza de jugo de manzana, sin azúcar

½ pepino mediano, sin cáscara y en rodajas

½ taza de espinaca, trozada

½ taza de agua

1 cucharadita de semilla de cáñamo

Preparación:

Poner todos los ingredientes en una licuadora o procesadora. Pulsar hasta obtener una mezcla suave y transferir a vasos. Servir con cubos de hielo.

Información nutricional por porción: Kcal: 198, Proteínas: 6.1g, Carbohidratos: 30.6g, Grasas: 6.3g

5. Caballa con Ajo

Ingredientes:

1 libra de caballa, entera, limpia

15 dientes de ajo, aplastados

4 zanahorias grandes, en rodajas

2 cucharadas de aceite de oliva

3 calabacines medianos, en rodajas

1 cucharadita de sal

1 cucharadita de pimienta negra, molida

Preparación:

Precalentar el horno a 400°F.

Frotar la sal y pimienta en el pescado. Tomar una fuente de hornear grande y engrasarla con aceite. Esparcir el ajo aplastado en el fondo. Poner el pescado encima y llevar al horno. Hornear por 25 minutos.

Mientras tanto, combinar los vegetales en una olla con agua hirviendo y cocinar por 2-3 minutos, o hasta que ablanden. Remover del fuego y sazonar con sal y pimienta a gusto.

Cuando esté todo listo, servir el pescado y vegetales. Para más sabor, agregar gajos de limón.

Información nutricional por porción: Kcal: 710, Proteínas: 27.5g, Carbohidratos: 10.5g, Grasas: 56.2g

6. Ensalada de Jardín Caliente

Ingredientes:

3 calabacines medianos, sin cáscara y rallados

1 calabaza amarilla mediana, sin cáscara y rallada

2 diente de ajo molido

1 zanahoria grande, rallada

1 cucharada de miel

2 cucharadas de jugo de limón

1 cucharadita de sal

1 cucharadita de pimienta negra, molida

Preparación:

Precalentar el aceite en una sartén a fuego medio/alto. Añadir la cebolla y ajo y freír hasta que trasluzcan. Agregar el resto de los ingredientes y sazonar con sal y pimienta a gusto. Cocinar por 10 minutos o hasta que ablanden. Servir caliente.

Información nutricional por porción: Kcal: 710, Proteínas: 27.5g, Carbohidratos: 10.5g, Grasas: 56.2g

7. Pollo con Cilantro Fresco

Ingredientes:

6 piezas de pollo (pata y pechuga), sin piel

2 cucharaditas de aceite vegetal

2 tazas de arroz de grano largo

4 tazas de agua

2 tomates medianos, trozada

1 pimiento verde mediano, trozado

1 pimiento rojo mediano, trozado

2 dientes de ajo, molidas

1 pimiento rojo mediano

4 tazas de maíz, congelado

2 onzas de aceitunas negras

½ taza de apio, trozado fino

1 cebolla mediana

1 cucharada de cilantro fresco, trozado fino

¼ cucharadita de sal

¼ cucharadita de pimienta negra, molida

2 dientes de ajo, trozados finos

Preparación:

Precalentar el aceite en una olla grande a fuego medio/alto. Añadir el pollo y cocinar hasta que dore. Agregar todos los ingredientes excepto el arroz y aceitunas. Verter agua hasta cubrir todos los ingredientes. Tapar y reducir el fuego al mínimo. Cocinar por 30 minutos, o hasta que la carne esté lista. Remover del fuego.

Mientras tanto, combinar el arroz y aceitunas en una olla. Verter agua hasta cubrir, rociar con sal y tapar. Cocinar a fuego medio por 20 minutos. Remover del fuego y servir con el pollo y vegetales.

Información nutricional por porción: Kcal: 448, Proteínas: 24.5g, Carbohidratos: 71.4g, Grasas: 7.5g

8. Batido de Quínoa y Arándanos

Ingredientes:

¼ taza de quínoa blanca, pre cocida

½ taza de arándanos, congelados

½ taza de espinaca, trozada fina

½ taza de Yogurt griego, orgánico

2 cucharadas de leche descremada, orgánica

Preparación:

Combinar todos los ingredientes en una procesadora. Pulsar hasta que esté suave y transferir a vasos. Refrigerar por 20 minutos antes de servir.

Información nutricional por porción: Kcal: 121, Proteínas: 7.1g, Carbohidratos: 22.5g, Grasas: 1.2g

9. Pasta de Concha Marina

Ingredientes:

1 libra pack pasta de concha marina

2 cucharadas de aceite vegetal

½ taza de vinagre de sidra de manzana

½ taza de vinagre de vino

½ taza de agua

3 cucharadas de mostaza amarilla

¼ cucharaditas de pimienta negra, molida

2 pimientos, en rodajas

2 pepinos pequeños, en rodajas

2 cebollas pequeñas, en rodajas

1 cabeza de lechuga

Preparación:

Usar las instrucciones del paquete para cocinar la pasta. Colar bien. Poner en un tazón grande y dejar a un lado.

Combinar el vinagre, agua, pimiento, mostaza, sal y pimienta. Pulsar hasta que quede suave. Verter la mezcla sobre la pasta.

Añadir el pepino y cebolla y mezclar. Refrigerar durante la noche para que los sabores se unifiquen. Colar antes de servir sobre hojas de lechuga.

Información nutricional por porción: Kcal: 158, Proteínas: 4.2g, Carbohidratos: 31.5g, Grasas: 2.7g

10. Pinchos de Vieiras

Ingredientes:

3 pimientos medianos, en piezas del tamaño de un bocado

1 libra vieiras de bahía frescas

1 taza de tomates cherry, por la mitad

¼ taza de vinagre balsámico

¼ taza de aceite vegetal

3 cucharadas de jugo de limón

½ cucharaditas de polvo de ajo

¼ cucharaditas de pimienta negra, molida

Pinchos

Preparación:

Poner los pimientos en agua hirviendo y cocinar por 2 minutos. Remover y colar.

Poner los tomates, vieiras y pimientos en los pinchos. Combinar todos los otros ingredientes en un tazón. Rociar con la marinada y poner en un grill.

Cocinar por 15 minutos. Remover del fuego y servir.

Información nutricional por porción: Kcal: 223, Proteínas: 30.4g, Carbohidratos: 13.7g, Grasas: 6.8g

11. Pasta con Frijoles Negros y Alcachofas

Ingredientes:

1 libra de corazones de alcachofas, colados y trozados

1 libra de frijoles negros, en lata, lavados y colados

1 libra de pasta penne

1 taza de cebollas de verdeo, trozado fino

2 tomates grandes, trozada

2 dientes de ajo, aplastados

1 cucharada de aceite extra virgen

½ cucharaditas de sal

¼ cucharaditas de pimienta negra, molida

¼ cucharaditas de albahaca fresca, molida

½ cucharaditas de Pimienta cayena

Preparación:

Usar las instrucciones del paquete para cocinar la pasta. Colar y transferir a un tazón grande.

Poner las alcachofas en una olla con agua hirviendo y cocinar por 5 minutos. Remover y colar. Combinar con la pasta y dejar a un lado.

Precalentar el aceite en una sartén grande a fuego medio/alto. Añadir las cebollas y freír por 5 minutos, o hasta que ablanden. Agregar los tomates, ajo, una pizca de sal y pimienta, y albahaca a gusto. Tapar y cocinar por 10 minutos. Añadir los frijoles, pimienta cayena, y reducir el fuego al mínimo. Tapar y cocinar por 10-15 minutos, o hasta que los frijoles ablanden. Remover del fuego.

Verter la mezcla sobre la pasta y revolver bien. Servir inmediatamente.

Información nutricional por porción: Kcal: 324, Proteínas: 16.3g, Carbohidratos: 58.4g, Grasas: 3.4g

12. Cuscús de Queso y Tomate con Albahaca

Ingredientes:

4 tomates grandes, en cubos

1 taza de cuscús

½ taza de Mozzarella, orgánico, rallada

3 cucharadas de chalotes, molidas

1 cucharada de aceite de oliva

1 cucharadita de jugo de limón fresco

1 diente de ajo molido

1 taza de agua

¼ taza de hojas de albahaca fresca

½ cucharaditas de sea sal

¼ cucharaditas de pimienta negra, molida

Preparación:

Combinar el tomate, queso, ajo, chalotes, jugo de limón y aceite de oliva. Rociar con sal y pimienta y mezclar. Tapar y refrigerar por 30 minutos para marinar.

Hervir 1 taza de agua en una sartén a fuego medio/alto.

Añadir el cuscús y remover del fuego. Tapar y dejar reposar por 5 minutos.

Combinar la mezcla de tomate y cuscús en un tazón grande. Revolver bien y cubrir con hojas de albahaca. Servir.

Información nutricional por porción: Kcal: 283, Proteínas: 13.7g, Carbohidratos: 7.4g, Grasas: 14.3g

13. Ensalada Asiática de Pollo

Ingredientes:

4 pechugas de pollo, en piezas del tamaño de un bocado

1 lechuga romana mediana

1 taza de naranjas mandarinas frescas, en gajos

½ taza de Queso parmesano, orgánico, rallado

½ taza de frutillas frescas, por la mitad

2 cucharadas de nueces, trozadas

1 taza de espinaca fresca, trozada

1 cucharadita de vinagre balsámico

Preparación:

Poner los trozos de carne en una sartén antiadherente. Cocinar por 10 minutos de ambos lados. Remover y dejar a un lado.

Tomar un tazón para ensalada y hacer capas de: lechuga, espinaca, carne, naranjas, frutillas. Rociar con nueces y cubrir con queso rallado. Rociar con vinagre y mezclar bien antes de servir.

Información nutricional por porción: Kcal: 223, Proteínas: 16.2g, Carbohidratos: 9.9g, Grasas: 10.3g

14. Atún con Romero Fresco

Ingredientes:

1 libra de filetes de atún

5 cucharadas de aceite de oliva

2 cucharadas de jugo de lima

2 cucharaditas de comino, molido

1 cucharada de romero fresco, trozado fino

2 cucharaditas de cilantro seco, molido

Preparación:

Combinar el aceite, jugo de lima, cilantro y comino en un tazón de marinada. Poner el pescado y cubrir bien. Refrigerar por al menos 20 minutos.

Precalentar el grill a fuego medio/alto. Poner la carne encima y reservar la marinada. Rotar la carne cada 2 minutos y añadir marinada mientras se cocina.

Información nutricional por porción: Kcal: 230, Proteínas: 27.4g, Carbohidratos: 1.2g, Grasas: 17.3g

15. Ensalada de Repollo y Tomate

Ingredientes:

1 repollo pequeño, rallado

2 tomates medianos, en cubos

1 taza de repollo morado, rallado

2 cucharadas de cilantro fresco, trozado

¼ cucharaditas de sal

¼ cucharaditas de pimienta negra, molida

Preparación:

Combinar el cilantro, sal y pimienta en un tazón pequeño. Revolver y dejar a un lado.

Combinar el repollo, tomates y repollo morado en un tazón grande de ensalada. Rociar con la mezcla preparada anteriormente.

Servir.

Información nutricional por porción: Kcal: 43, Proteínas: 2.1g, Carbohidratos: 7.9g, Grasas: 1.2g

16. Sopa de Pavo

Ingredientes:

1 libra de pechugas de pavo, sin piel, sin hueso, en cubos

½ taza de champiñones

1 diente de ajo molido

1 cebolla mediana, en cubos

2 tazas de pasta de tomate

1 taza de caldo de pollo, bajo en sodio

1 taza de apio, trozado fino

1 pimiento mediano, trozada

3 papas pequeñas, peladas y en cubos

1 cucharadita de paprika, molida

1 taza de guisantes

1 cucharada de perejil fresco, trozado fino

1 cucharadita de orégano seco, molido

½ cucharaditas de pimienta negra, molida

½ cucharaditas de sal

Preparación:

Poner la carne en una sartén antiadherente. Rociar con paprika y cocinar por 5 minutos a fuego medio/alto. Remover de la sartén y dejar a un lado. Poner los champiñones, pimientos, ajo, cebolla y apio en la sartén. Revolver bien y cocinar por 5 minutos. Añadir los ingredientes restantes y la carne. Revolver y tapar. Reducir el fuego y cocinar por 40 minutos, revolviendo ocasionalmente.

Remover del fuego y servir caliente.

Información nutricional por porción: Kcal: 278, Proteínas: 33.2g, Carbohidratos: 31.7g, Grasas: 4.8g

17. Ensalada de Tomate y Brócoli

Ingredientes:

3 tazas de tomates, trozada

1 libra de broccoli, por la mitad

1 taza de crema agria, orgánico, sin grasa

½ taza de leche descremada, orgánico

1 cucharadita de polvo de curry

1 cucharadita de mostaza seca

¼ cucharaditas de sal

5-6 Hojas de lechuga romana

Preparación:

Poner el brócoli en una olla de agua hirviendo. Cocinar por 5 minutos, o hasta que ablande. Remover del fuego y colar.

Poner los tomates en una licuadora. Añadir una pizca de sal. Pulsar hasta que quede suave. Dejar a un lado.

Mientras tanto, combinar la leche, crema agria y especias. Batir para combinar y verter sobre el brócoli. Refrigerar por 2 horas para mezclar los sabores.

Poner las hojas de lechuga sobre platos y añadir la ensalada encima. Cubrir con el puré de tomate.

Información nutricional por porción: Kcal: 109, Proteínas: 4.1g, Carbohidratos: 11.2g, Grasas: 1.2g

18. Tortilla de Pimiento Rojo

Ingredientes:

2 pimientos grandes, trozados

8 huevos de corral

2 cucharadas de queso parmesano, orgánico

1 cucharadita de aceite de oliva

½ taza de perejil fresco, trozado

½ taza de apio fresco, trozado

1 cebolla pequeña, trozada

2 dientes de ajo, molidos

¼ cucharaditas de pimienta negra, molida

Preparación:

Combinar los huevos, perejil y pimienta negra en un tazón. Batir bien y dejar a un lado.

Precalentar el aceite en una sartén grande a fuego medio/alto. Añadir el ajo, apio, cebolla y pimientos. Cocinar por 5 minutos, revolviendo ocasionalmente. Verter la mezcla de huevo y esparcir bien. Cocinar hasta que los huevos estén listos. Remover del fuego y rociar con queso.

Doblar el omelette y servir.

Información nutricional por porción: Kcal: 340, Proteínas: 22.1g, Carbohidratos: 23.1g, Grasas: 15.2g

19. Sopa de Champiñones y Ajo

Ingredientes:

1 libra de champiñones, trozados

1 cebolla mediana, trozada

1 taza de espinaca fresca, trozada

4 tazas de caldo de pollo, sin sal

2 cucharaditas de aceite vegetal

2 tazas de agua

1 taza de quínoa, pre cocida

3 dientes de ajo, molidos

¼ cucharaditas de sal

¼ cucharaditas de pimienta negra, molida

1 cucharadita de tomillo fresco, trozado

Preparación:

Precalentar el aceite en una sartén grande a fuego bajo. Añadir la cebolla y freír por 5-6 minutos o hasta que trasluzca. Agregar los champiñones, tapar y cocinar por 10 minutos. Agregar el ajo, quínoa, tomillo y sal.

Cocinar por 20 minutos más y remover del fuego. Dejar reposar unos minutos y transferir a una procesadora. Pulsar y devolver a la sartén. Añadir los ingredientes restantes y cocinar por 10 minutos, revolviendo ocasionalmente. Rociar con sal y pimienta a gusto.

Servir caliente.

Información nutricional por porción: Kcal: 110, Proteínas: 4.2g, Carbohidratos: 18.6g, Grasas: 2.5g

20. Frijoles de Lima con Hinojo

Ingredientes:

2 tazas de frijoles de lima frescos

1 taza de hinojo, trozado

1 cebolla pequeña, en cubos

½ taza de caldo vegetal, sin sal

1 taza de espinaca, trozada fina

1 cucharada de vinagre de sidra de manzana

1 cucharada de aceite de oliva

¼ cucharaditas de pimienta negra, molida

Preparación:

Poner los frijoles lima en una olla de agua hirviendo y cocinar por 10 minutos. Remover del fuego y colar bien.

Precalentar el aceite en una sartén grande a fuego medio/alto. Añadir la cebolla e hinojo y cocinar por 5 minutos, o hasta que ablanden.

Agregar los frijoles y caldo vegetal. Revolver bien y cocinar por 2-3 minutos. Añadir la espinaca. Reducir el fuego al mínimo y tapar. Cocinar por 10 minutos. Remover del fuego, añadir el vinagre y pimienta. Dejar reposar y servir.

Información nutricional por porción: Kcal: 93, Proteínas: 5.2g, Carbohidratos: 15.3g, Grasas: 4.2g

21. Galletas de Chocolate Amargo

Ingredientes:

¼ taza de polvo de cacao, tamizado

8 cucharadas de manteca, sin sal

1 taza de chispas de chocolate amargo

2 huevos grandes

1 taza de harina de trigo

1 cucharadita de extracto de menta

1 cucharada de miel

1 cucharadita de bicarbonato de sodio

¼ cucharaditas de sal

Preparación:

Precalentar el horno a 370°F.

Combinar la manteca y miel en un tazón. Usar una batidora y mezclar hasta que esté esponjosa. Añadir los huevos y batir nuevamente. Dejar a un lado.

Combinar la harina, bicarbonato de sodio, cacao y sal en un tazón grande. Mezclar bien y añadir los chips de chocolate.

Combinar ambas mezclas y aplastar con las manos para obtener una masa. Formar las bolas y poner en una fuente de hornear. Aplastarlas gentilmente para formar las galletas.

Hornear por 10-12 minutos, o hasta que estén crujientes en los lados. Remover del horno y dejar enfriar.

¡Servir!

Información nutricional por porción: Kcal: 121, Proteínas: 2.2g, Carbohidratos: 14.5g, Grasas: 7.3g

22. Tortilla de Vegetales y Queso

Ingredientes:

8 huevos grandes

½ libra de champiñones, en rodajas

½ libra de champiñones shitake, en rodajas

1 cebolla grande, en rodajas

1 diente de ajo molido

1 taza de tomates, procesados

½ taza de aceitunas, sin carozo y por la mitad

4 cucharadas de leche, orgánica

3 cucharadas de harina común

1 cucharadita de polvo de hornear

1 cucharadita de Sal Himalaya

½ cucharaditas de pimienta negra, molida

Preparación:

Precalentar el horno a 400°F.

Batir los huevos en un tazón grande. Añadir la harina, polvo de hornear y leche, y mezclar hasta que se combine en una mezcla grumosa. Dejar a un lado

Precalentar el aceite en una sartén grande a fuego medio/alto. Añadir los champiñones y cebollas y cocinar por 10 minutos, o hasta que ablanden. Agregar el ajo y cocinar 2-3 minutos más. Verter encima los tomates y añadir aceitunas. Revolver nuevamente y reducir el fuego al mínimo. Agregar la masa formada y revolver hasta que combine. Cocinar por 3-4 minutos y remover del fuego.

Transferir a una fuente y llevar al horno. Cocinar por 25 minutos o hasta que dore. Remover del fuego y cortar en porciones. Servir.

Información nutricional por porción: Kcal:221, Proteínas: 11.5g, Carbohidratos: 32.4g, Grasas: 14.2g

23. Pastel de Pollo y Calabacín

Ingredientes:

4 onzas de pechugas de pollo, sin piel ni hueso, en cubos

1 calabacín mediano, pelado y trozado

2 tomates medianos, trozados

1 cebolla mediana, en rodajas

1 taza de leche descremada, orgánica

4 huevos grandes

2 cucharadas de queso crema, orgánico

¼ cucharaditas de pimienta negra, molida

Preparación:

Precalentar el horno a 400°F.

Combinar la carne, cebolla, calabacín, queso y tomates en un tazón grande. Revolver bien para combinar y transferir a una fuente de pastel. Dejar a un lado.

Batir los huevos, queso, leche y pimienta. Verter sobre la mezcla anterior.

Hornear por 40 minutos o hasta que el cuchillo salga limpio.

Remover del horno y dejar reposar por 5 minutos. Cortar en porciones y servir.

Información nutricional por porción: Kcal: 156, Proteínas: 15.2g, Carbohidratos: 16.2g, Grasas: 5.6g

24. Ensalada de Espinaca y Frutilla

Ingredientes:

1 libra de espinaca fresca bebé, trozada

1 libra de frutillas, por la mitad

1 pepino mediano, en rodajas

¼ taza de red cebolla, trozado fino

2 cucharadas de almendras, trozadas

2 cucharadas de jugo de limón

1 cucharada de vinagre vegetal

1 cucharada de miel

¼ cucharaditas de sal

Preparación:

Combinar el jugo de limón, vinagre, miel y sal en un tazón pequeño. Dejar reposar.

Combinar la espinaca, frutillas, pepino, cebolla y almendras en un tazón grande. Mezclar bien.

Rociar con la marinada y servir.

Información nutricional por porción: Kcal: 142, Proteínas: 4.5g, Carbohidratos: 20.3g, Grasas: 7.5g

25. Lasaña de Calabacín

Ingredientes:

2 libras de calabacines, pelado y trozado

8 onzas de queso ricota, orgánico

8 onzas de Queso mozzarella, orgánico, rallado

¼ taza de Queso parmesano, orgánico, rallado

2 tazas de pasta de tomate casera

8 onzas de fideos de lasaña

Preparación:

Precalentar el horno a 375°F.

Engrasar una fuente con aceite vegetal. Hacer una capa de pasta de tomate. Cubrir con 3 fideos.

Hacer otra capa con rodajas de calabacín. En un tazón, combinar la ricota, parmesano y mozzarella y usar 1/3 de la mezcla para la siguiente capa. Repetir el proceso hasta que todos los ingredientes hayan sido usados.

Hornear por 40 minutos y remover del fuego. Dejar reposar y cortar en porciones.

Puede agregar más vegetales o cambiar el orden de las

capas.

Información nutricional por porción: Kcal: 453, Proteínas: 23.5g, Carbohidratos: 53.2g, Grasas: 17.6g

26. Ensalada de Remolacha y Palta

Ingredientes:

4 remolachas rojas medianas, limpiadas, peladas, por la mitad

1 palta madura, sin carozo, sin cáscara, trozada

10 tomates cherry, por la mitad

1 taza de manzanas Gala orgánicas

1 pimiento rojo mediano, en rodajas

1 cucharada de vinagre balsámico

2 cucharadas de aceite de oliva extra virgen

¼ cucharaditas de Pimienta cayena

¼ cucharaditas de pimienta negra, molida

¼ cucharaditas de sal

Preparación:

Poner la remolacha en una olla con agua hirviendo. Cocinar por 15 minutos o hasta que ablanden.

Combinar el aceite, vinagre y pimienta cayena. Agregar una pizca de sal y pimienta a gusto y revolver bien. Dejar a un lado.

Combinar los trozos de palta, manzana, zanahoria, tomates y alcaparras en un tazón grande de ensalada. Añadir la remolacha y rociar con el aderezo. Revolver y servir.

Información nutricional por porción: Kcal: 191, Proteínas: 4.2g, Carbohidratos: 5.3g, Grasas: 17.3g

27. Salmón Horneado con Mostaza

Ingredientes:

1 libra de filete de salmón,

1 taza de crema agria, orgánica

2 cucharadas de Mostaza de Dijon

3 cucharadas de cebolletas frescas, trozadas finas

2 cucharaditas de eneldo seco, molido

2 cucharadas de jugo de limón

1 diente de ajo molido

¼ cucharaditas de pimienta negra, molida

1 cucharadita de aceite de semilla de uva

Preparación:

Precalentar el horno a 400°F.

Combinar la mostaza, jugo de limón, crema agria, cebolletas y eneldo en un tazón. Dejar reposar.

Engrasar una fuente de hornear y poner el salmón en ella. Añadir el ajo y rociar con pimienta a gusto. Verter encima la salsa hecha previamente.

Hornear por 20 minutos. Servir con vegetales frescos.

Información nutricional por porción: Kcal: 196, Proteínas: 27.3g, Carbohidratos: 5.4g, Grasas: 7.3g

28. Frijoles Verdes con Queso Cheddar

Ingredientes:

1 libra de frijoles verdes frescos, en piezas del tamaño de un bocado

1 cebolla grande, en rodajas

2 onzas de queso cheddar, orgánico, desmenuzado

½ cucharaditas de sal

¼ cucharaditas de pimienta negra, molida

1 cucharada de perejil fresco, trozado fino

Preparación:

Poner los frijoles en una olla de agua hirviendo. Cocinar por 10 minutos o hasta que ablanden. Remover del fuego y colar bien.

Precalentar el aceite en una sartén grande y añadir las cebollas. Freír hasta que trasluzcan. Agregar los frijoles verdes y rociar con sal y pimienta a gusto. Cocinar por 3-4 minutos y remover del fuego. Cubrir con queso y perejil fresco.

Información nutricional por porción: Kcal: 164, Proteínas: 9.4g, Carbohidratos: 8.2g, Grasas: 13.4g

29. Batido de Naranja y Banana

Ingredientes:

2 naranjas medianas, sin cáscara y en gajos

1 banana mediana, en rodajas

½ taza de Yogurt griego, orgánico

1 cucharada de miel

1 cucharada de canela, molida

Preparación:

Combinar todos los ingredientes en una licuadora. Pulsar hasta que esté suave y transferir a vasos. Añadir cubos de hielo y disfrutar.

Información nutricional por porción: Kcal: 164, Proteínas: 2.3g, Carbohidratos: 40.4g, Grasas: 0.8g

30. Pollo Criollo con Mango

Ingredientes:

1 libra de pechugas de pollo, sin piel ni hueso

1 pimiento rojo mediano, en rodajas

2 mangos, sin cáscara, sin carozo y trozados

2 pimientos medianos, trozados

2 cucharadas de pasta de tomate casera

2 cucharadas de maicena

1 cebolla pequeña, en rodajas

3 cucharadas de vinagre balsámico

1 taza de jugo de naranja

½ taza de jugo de lima

1 diente de ajo aplastado

¼ cucharaditas de sal

¼ cucharaditas de pimienta negra, molida

2 cucharadas de agua

Preparación:

Combinar el jugo de lima, jugo de naranja, ajo y pimienta en un tazón. Poner la carne encima y cubrir. Tapar y dejar reposar por 1 hora.

Transferir la carne a una sartén grande y añadir los pimientos. Verter agua hasta cubrir y hervir. Remover la carne y reservar la sartén. Secar la carne.

Agregar cebolla, vinagre y pasta de tomate a la sartén. Cocinar por 2 minutos a fuego medio.

En un tazón aparte, combinar la maicena y agua. Revolver bien y añadirla a la sartén. Cocinar hasta que espese. Reducir el fuego al mínimo y añadir el mango. Cocinar 1 minuto y remover del fuego.

Poner el pollo en platos y verter la salsa encima. Cubrir con perejil fresco u orégano seco.

Información nutricional por porción: Kcal: 283, Proteínas: 19.4g, Carbohidratos: 43.2g, Grasas: 5.5g

31. Albóndigas con Queso Feta y Aceitunas

Ingredientes:

1 libra carne molida de cordero, (de campo)

½ taza de aceitunas, sin carozo

½ taza de Queso feta, orgánico, desmenuzado

2 huevos grandes

1 cebolla pequeña, en cubos

½ taza de perejil fresco, trozado fino

2 cucharaditas de orégano seco, molido

Preparación:

Combinar todos los ingredientes en un tazón grande. Mezclar bien y formar las albóndigas usando sus manos.

Poner las albóndigas en una fuente de hornear. Asarlas en todos lados hasta que doren. Remover del horno y dejar enfriar.

Servir con crema agria y ensalada de vegetales.

Información nutricional por porción: Kcal: 186, Proteínas: 14.3g, Carbohidratos: 2.5g, Grasas: 14.6g

32. Sopa de Gota de Huevo Italiana con Parmesano

Ingredientes:

4 tazas de caldo de pollo

2 huevos grandes

4 cucharadas de Queso parmesano, orgánico, rallado

2 cucharaditas de perejil fresco, trozado fino

¼ cucharaditas de pimienta negra, molida

Preparación:

Verter el caldo de pollo en una olla grande. Sazonar con pimienta y hervir.

Combinar los huevos, perejil y una pizca de sal y pimienta. Batir bien y verter la mezcla en la olla. Revolver constantemente por 3-4 minutos hasta que los huevos empiecen a flotar.

Servir caliente.

Información nutricional por porción: Kcal: 65, Proteínas: 5.7g, Carbohidratos: 2.1g, Grasas: 3.8g

33. Batido de Manzana y Espinaca

Ingredientes:

½ manzana grande trozada

2 onzas de espinaca bebé, trozada

2 cucharadas de semillas de linaza

4 cucharadas de jugo de naranja

1 cucharadita de jarabe de arce

Preparación:

Combinar todos los ingredientes en una licuadora. Pulsar hasta que esté suave y transferir a vasos. Añadir cubos de hielo y servir.

Información nutricional por porción: Kcal: 138, Proteínas: 7.4g, Carbohidratos: 24.5g, Grasas: 2.5g

34. Panqueques de Ricota

Ingredientes:

2 tazas de queso ricota, orgánico desmenuzado

4 huevos de corral

1 taza de suero de leche, orgánico

1 cucharada de jugo de limón

1 taza de harina de trigo

1 cucharadita de polvo de hornear

½ cucharaditas de sal

1 cucharada de aceite de linaza

Preparación:

Combinar la harina, polvo de hornear y sal en un tazón. Batir los huevos, jugo de limón y suero de leche en otro tazón. Combinar las mezclar y revolver bien.

Precalentar el aceite en una sartén para panqueques a fuego medio/alto. Añadir la mezcla y esparcir bien.

Cocinar por 2 minutos, o hasta que forme burbujas, y dar vuelta.

Información nutricional por porción: Kcal: 211, Proteínas: 12.8g, Carbohidratos: 22.2g, Grasas: 7.9g

35. Ensalada de Edamame

Ingredientes:

1 libra de edamame, sin cáscara

1 pimiento rojo, trozada

1 cebolla morada mediana, en rodajas

¼ taza de cebollas de verdeo, trozada

2 cucharadas de albahaca fresca, trozado fino

Para el aderezo:

5 cucharadas de jugo de limón fresco

2 cucharadas de mostaza amarilla

2 cucharadas de aceite extra virgen

¼ cucharaditas de sal

¼ cucharaditas de pimienta negra, molida

Preparación:

Combinar los ingredientes del aderezo y revolver bien. Dejar reposar por 10 minutos.

Mientras tanto, preparar el edamame usando las instrucciones del paquete. Colar bien y transferir a un tazón de ensalada. Añadir los pimientos, cebollas, cebollas de verdeo y albahaca. Rociar con el aderezo y mezclar. Refrigerar hasta servir.

Información nutricional por porción: Kcal: 107, Proteínas: 4.5g, Carbohidratos: 11.2g, Grasas: 7.8g

36. Camarones en Salsa de Tomate Casera

Ingredientes:

12 onzas de camarones, sin vaina y pelados

1 tomate mediano, trozada

½ taza de queso cheddar, orgánico, rallada

2 dientes de ajo, molidas

½ taza de crema pesada

2 cucharadas de manteca

1 cucharadita de orégano seco, molida

Preparación:

Derretir la manteca en una sartén grande a fuego medio/alto. Añadir los dientes de ajo y freír hasta que trasluzcan.

Añadir los camarones y verter la salsa de tomate. Revolver bien y reducir el fuego al mínimo. Tapar y cocinar por 20 minutos, o hasta que los camarones estén rosados.

Agregar el queso y crema y revolver. Dejar cocinar por 2-3 minutos más y remover del fuego.

Puede servirlo con pasta, arroz o vegetales.

Información nutricional por porción: Kcal: 211, Proteínas: 30.3g, Carbohidratos: 15.6g, Grasas: 5.6g

37. Batido de Banana y Fresas

Ingredientes:

1 banana mediana, en rodajas

1 taza de jugo de naranja

½ taza de frambuesas frescas

1 cucharada de semillas de chía

Preparación:

Combinar la banana, frambuesas y jugo de naranja en una licuadora. Pulsar hasta que esté suave. Cubrir con semillas de chía. Refrigerar por 30 minutos antes de servir.

Información nutricional por porción: Kcal: 198, Proteínas: 7.5g, Carbohidratos: 48.3g, Grasas: 1.6g

38. Rollos de Repollo

Ingredientes:

1 libra de hojas de repollo

1 filete de pollo mediano, sin piel ni hueso, trozada

½ taza de arroz marrón

5 cucharadas de aceite de oliva

1 tomate mediano, trozada

½ cucharaditas de Pimienta cayena

1 cucharadita de perejil fresco, trozado fino

¼ cucharaditas de pimienta negra, molida

¼ cucharaditas de sal

Preparación:

Combinar la carne, tomate, arroz y perejil. Aladir sal y pimienta a gusto y 2 cucharadas de aceite. Revolver bien para combinar.

Poner 2 cucharadas de esta mezcla en el centro de cada hoja de repollo. Enrollar bien y asegurar las puntas.

Agregar el aceite restante a una olla grande. Poner los

rollos adentro y cubrir con agua. Rociar con pimienta cayena y sazón de vegetales. Tapar y reducir el fuego al mínimo. Cocinar por 1 hora. Remover del fuego y dejar reposar.

Servir caliente.

Información nutricional por porción: Kcal: 202, Proteínas: 20.5g, Carbohidratos: 21.4g, Grasas: 8.8g

RECETAS DE JUGO

1. Jugo de Espinaca y Moras

Ingredientes:

1 taza de espinaca fresca, en trozos

1 taza de moras

1 taza de mango, en trozos

3 damascos enteros, en trozos

1 lima entera, sin piel

Preparación:

Lavar la espinaca bajo agua fría. Colar y trozar. Dejar a un lado.

Lavar las moras. Colar y dejar a un lado.

Pelar el mango y trozarlo. Rellenar un vaso medidor y reservar el resto. Dejar a un lado.

Lavar los damascos y cortarlos por la mitad. Remover el carozo y trozar. Dejar a un lado.

Pelar la lima y cortarla por la mitad. Dejar a un lado.

Combinar la espinaca, moras, mango, damascos y lima en una juguera. Pulsar, transferir a un vaso y refrigerar 10 minutos antes de servir.

Información nutricional por porción: Kcal: 201, Proteínas: 11.1g, Carbohidratos: 61.5g, Grasas: 2.6g

2. Jugo Dulce de Manzana y Jengibre

Ingredientes:

1 manzana Granny Smith grande, sin centro y en trozos

1 nudo de jengibre pequeño, sin piel

1 taza de apio, en trozos

1 taza de menta fresca, en trozos

1 cucharadita miel líquida

1 onza de agua

Preparación:

Lavar la manzana y cortarla por la mitad. Remover el centro y trozar. Dejar a un lado.

Pelar el jengibre y trozarlo. Dejar a un lado.

Lavar el apio y trozarlo. Rellenar un vaso medidor y reservar el resto.

Lavar la menta, colar y trozar.

Combinar la manzana, jengibre, apio y menta en una juguera, y pulsar. Transferir a un vaso y añadir el agua y la miel.

Refrigerar 15 minutos antes de servir.

Información nutricional por porción: Kcal: 121, Proteínas: 2.6g, Carbohidratos: 35.8g, Grasas: 0.8g

3. Jugo de Calabaza y Granada

Ingredientes:

1 taza de calabaza amarilla, en cubos

1 taza de semillas de granada

3 ciruelas enteras, sin carozo y en trozos

1 naranja mediana, sin piel

¼ cucharadita jengibre, molido

1 onza de agua

Preparación:

Cortar la parte superior de la calabaza. Cortarla por la mitad y remover las semillas. Cortar un gajo grande y pelarlo. Trozar en cubos y rellenar un vaso medidor. Reservar el resto en la nevera.

Cortar la parte superior de la granada y deslizar hacia las membranas blancas. Remover las semillas a un vaso medidor y dejar a un lado.

Lavar las ciruelas y cortarlas por la mitad. Remover los carozos y trozar. Dejar a un lado.

Pelar la naranja y dividirla en gajos. Cortar cada gajo por la mitad y dejar a un lado.

Combinar la calabaza, granada, ciruelas y naranja en una juguera. Pulsar, transferir a un vaso y añadir el jengibre y agua.

Refrigerar 10 minutos antes de servir.

Información nutricional por porción: Kcal: 214, Proteínas: 5.2g, Carbohidratos: 61.8g, Grasas: 1.8g

4. Jugo de Arándanos y Pomelo

Ingredientes:

1 taza de arándanos

1 pomelo entero, sin piel

1 taza de palta, en cubos

1 manzana Roja Deliciosa pequeña, sin centro

¼ cucharadita extracto de vainilla

Preparación:

Poner los arándanos en un colador y lavar bajo agua fría. Dejar a un lado.

Pelar el pomelo y dividirlo en gajos. Cortar cada gajo por la mitad y dejar a un lado.

Pelar la palta y cortarla por la mitad. Remover el carozo y cortar en cubos. Rellenar un vaso medidor y reservar el resto.

Lavar la manzana y cortarla por la mitad. Remover el centro y trozar. Dejar a un lado.

Combinar los arándanos, pomelo, palta y manzana en una juguera, y pulsar. Transferir a un vaso y añadir el extracto de vainilla. Refrigerar 10 minutos antes de servir.

Información nutricional por porción: Kcal: 436, Proteínas: 6.4g, Carbohidratos: 69.5g, Grasas: 23.2g

5. Jugo Naranja de Zanahoria

Ingredientes:

1 naranja grande, sin piel

1 zanahoria grande, en rodajas

1 taza de zapallo calabaza, en cubos

1 limón entero, sin piel

1 taza de pepino, en rodajas

¼ cucharadita cúrcuma molida

Preparación:

Pelar la naranja y dividirla en gajos. Cortar cada gajo por la mitad y dejar a un lado.

Lavar y pelar la zanahoria. Cortar en rodajas finas y dejar a un lado.

Lavar la calabaza y cortarla en cubos. Rellenar un vaso medidor y reservar el resto en la nevera.

Pelar el limón y cortarlo por la mitad. Dejar a un lado.

Lavar el pepino y cortarlo en rodajas finas. Rellenar un vaso medidor y reservar el resto.

Combinar la naranja, zanahoria, calabaza, limón y pepino en una juguera, y pulsar. Transferir a un vaso y añadir la cúrcuma.

Agregar hielo picado y servir inmediatamente.

Información nutricional por porción: Kcal: 127, Proteínas: 4.6g, Carbohidratos: 40.7g, Grasas: 0.9g

6. Jugo de Limón y Banana

Ingredientes:

1 taza de frutillas, en trozos

1 limón entero, sin piel

1 banana grande, en trozos

1 taza de ananá, en trozos

1 cucharada de menta fresca, picada

Preparación:

Pelar el limón y cortarlo por la mitad. Dejar a un lado.

Pelar la banana y trozarla. Dejar a un lado.

Lavar las frutillas, trozarlas y rellenar un vaso medidor. Reservar el resto en la nevera.

Cortar la parte superior del ananá. Remover la piel y cortarlo en rodajas. Rellenar un vaso medidor y reservar el resto.

Combinar el limón, banana, frutillas y ananá en una juguera. Pulsar, transferir a un vaso y añadir la menta.

Agregar algunos cubos de hielo y servir.

Información nutricional por porción: Kcal: 224, Proteínas: 4.1g, Carbohidratos: 69.4g, Grasas: 1.3g

7. Jugo de Apio y Cereza

Ingredientes:

1 taza de apio, en trozos

1 taza de cerezas, sin carozo

1 taza de sandía, en cubos

1 nudo de jengibre pequeño, sin piel

1 onza de agua

¼ cucharadita canela molida

Preparación:

Lavar el apio y trozarlo. Rellenar un vaso medidor y reservar el resto. Dejar a un lado.

Lavar las cerezas bajo agua fría. Colar y cortarlas por la mitad. Remover los carozos y dejar a un lado.

Cortar la sandía por la mitad. Cortar un gajo grande y refrigerar el resto. Pelarlo y cortarlo en cubos. Remover las semillas, rellenar un vaso medidor y dejar a un lado.

Pelar el nudo de jengibre y trozarlo. Dejar a un lado.

Combinar el apio, cerezas, sandía y jengibre en una juguera y pulsar. Transferir a un vaso y añadir el agua y canela.

Agregar hielo y servir inmediatamente.

Información nutricional por porción: Kcal: 143, Proteínas: 3.4g, Carbohidratos: 40.2g, Grasas: 0.7g

8. Jugo de Pera y Limón

Ingredientes:

1 pera pequeña, en trozos

1 limón entero, sin piel y por la mitad

1 taza de damascos, sin carozo y por la mitad

1 cucharada de miel líquida

1 manzana Granny Smith pequeña, sin centro

1 taza de menta fresca, en trozos

Preparación:

Lavar la pera y cortarla por la mitad. Remover el centro y trozar. Dejar a un lado.

Pelar el limón y cortarlo por la mitad. Dejar a un lado.

Lavar los damascos y cortarlos por la mitad. Remover los carozos y rellenar un vaso medidor. Reservar el resto en la nevera.

Lavar la manzana y cortarla por la mitad. Remover el centro y trozar. Dejar a un lado.

Lavar la menta, colar y trozar. Dejar a un lado.

Combinar la pera, limón, damascos, manzana y menta en una juguera, y pulsar. Transferir a un vaso y añadir hielo antes de servir.

Información nutricional por porción: Kcal: 217, Proteínas: 4.9g, Carbohidratos: 68.5g, Grasas: 1.5g

9. Jugo de Melón y Manzana

Ingredientes:

1 gajo grande de melón dulce, en trozos

1 manzana Zester mediana, sin centro

2 tazas de arándanos

2 onzas de agua de coco

1 cucharada de menta picada

Preparación:

Cortar el melón por la mitad. Remover las semillas y lavar. Cortar un gajo grande y pelarlo. Cortar en cubos y dejar a un lado.

Lavar la manzana y cortarla por la mitad. Remover el centro y trozar. Dejar a un lado.

Lavar los arándanos bajo agua fría. Colar y dejar a un lado.

Combinar el melón dulce, manzana y arándanos en una juguera, y pulsar.

Transferir a un vaso y añadir el agua de coco, extracto de vainilla y menta. Agregar hielo picado y servir inmediatamente.

Información nutricional por porción: Kcal: 283, Proteínas: 3.7g, Carbohidratos: 85.1g, Grasas: 1.5g

10. Jugo de Kiwi y Ananá

Ingredientes:

1 taza de apio, en trozos

1 kiwi entero, sin piel

1 manzana Dorada Deliciosa mediana, sin centro

1 naranja mediana, sin piel

1 cucharada de miel líquida

¼ cucharadita jengibre, molido

Preparación:

Pelar el kiwi y cortarlo por la mitad. Dejar a un lado.

Lavar la manzana y cortarla por la mitad. Remover el centro y trozar. Dejar a un lado.

Lavar el apio y trozarlo. Rellenar un vaso medidor y reservar el resto. Dejar a un lado.

Pelar la naranja y dividirla en gajos. Cortar cada gajo por la mitad y dejar a un lado.

Combinar el kiwi, manzana, apio y naranja en una juguera, y pulsar. Transferir a un vaso y añadir la miel y jengibre.

Refrigerar 15 minutos antes de servir.

Información nutricional por porción: Kcal: 172, Proteínas: 3.5g, Carbohidratos: 51.2g, Grasas: 1.1g

11. Jugo de Manzana y Nuez Moscada

Ingredientes:

1 manzana verde grande, sin centro

¼ cucharadita nuez moscada, molida

1 taza de arándanos agrios

1 pera grande, sin centro

3 frutillas grandes, en trozos

1 naranja grande, sin piel

2 onzas de agua de coco

Preparación:

Lavar la manzana y cortarla por la mitad. Remover el centro y trozar. Dejar a un lado.

Lavar los arándanos agrios bajo agua fría. Colar y dejar a un lado.

Lavar la pera y cortarla por la mitad. Remover el centro y trozar. Dejar a un lado.

Lavar las frutillas y trozarlas. Dejar a un lado.

Pelar la naranja y dividirla en gajos. Dejar a un lado.

Combinar la manzana, arándanos agrios, pera, frutillas, naranja y nuez moscada en una juguera. Pulsar y transferir a un vaso.

Agregar el agua y refrigerar, o añadir hielo antes de servir.

Información nutricional por porción: Kcal: 158, Proteínas: 4.7g, Carbohidratos: 47.9g, Grasas: 1.1g

12. Jugo de Durazno y Gala

Ingredientes:

2 duraznos grandes, sin carozo

1 manzana Gala grande, sin centro

1 taza de sandía, en cubos

5 cerezas frescas, sin carozo

3 onzas de agua de coco

Preparación:

Lavar los duraznos y cortarlos por la mitad. Remover los carozos y trozar. Dejar a un lado.

Lavar la manzana y cortarla por la mitad. Remover el centro y trozar. Dejar a un lado.

Cortar la sandía por la mitad. Para una taza, necesitará un gajo grande. Pelarlo y trozarlo. Remover las semillas y dejar a un lado. Reservar el resto en la nevera.

Lavar las cerezas y cortarlas por la mitad. Remover los carozos y dejar a un lado.

Procesar los duraznos, manzana, sandía y cerezas en una juguera. Transferir a un vaso y añadir el agua de coco.

Agregar hielo y servir inmediatamente.

Información nutricional por porción: Kcal: 276, Proteínas: 5.4g, Carbohidratos: 47.6g, Grasas: 1.6g

13. Jugo de Puerro y Lima

Ingredientes:

3 puerros grandes, en trozos

1 lima grande, sin piel

1 taza de coliflor, en trozos

1 calabacín grande, en trozos

2 onzas de agua

Preparación:

Lavar los puerros y trozarlos. Dejar a un lado.

Pelar la lima y cortarla por la mitad. Dejar a un lado.

Recortar las hojas externas de la coliflor. Lavar y trozar. Dejar a un lado.

Pelar el calabacín y cortarlo por la mitad. Quitar las semillas y trozar. Dejar a un lado.

Combinar el puerro, lima, coliflor y calabacín en una juguera. Pulsar y añadir el agua. Refrigerar 10 minutos antes de servir.

Información nutricional por porción: Kcal: 241, Proteínas: 13.2g, Carbohidratos: 64.7g, Grasas: 2.6g

14. Jugo de Damasco y Granada

Ingredientes:

1 taza de semillas de granada

1 limón grande, sin piel

1 damasco grande, sin carozo

1 naranja grande, en gajos

1 zanahoria grande, en rodajas

2 onzas de agua de coco

Preparación:

Cortar la parte superior de la granada y deslizar hacia las membranas blancas. Remover las semillas a un vaso medidor y dejar a un lado.

Pelar el limón y cortarlo por la mitad. Dejar a un lado.

Lavar el damasco y cortarlo por la mitad. Remover el carozo y trozar. Dejar a un lado.

Pelar la naranja y dividirla en gajos. Dejar a un lado.

Pelar y lavar la zanahoria. Cortar en rodajas finas y dejar a un lado.

Combinar las semillas de granada, limón, damasco, naranja y zanahoria en una juguera, y pulsar. Transferir a un vaso, añadir el agua de coco y hielo antes de servir.

Información nutricional por porción: Kcal: 241, Proteínas: 7.3g, Carbohidratos: 73.9g, Grasas: 2.3g

15. Jugo de Col Rizada y Perejil

Ingredientes:

1 taza de col rizada fresca, en trozos

1 taza de perejil fresco, en trozos

2 tazas de brócoli, recortado

1 manzana verde grande, en trozos

1 taza de espinaca fresca, en trozos

2 onzas de agua

Preparación:

Lavar el brócoli bajo agua fría y trozar. Dejar a un lado.

Combinar la col rizada, perejil y espinaca en un colador, y lavar bajo agua fría. Colar y trozar con las manos. Dejar a un lado.

Lavar la manzana y cortarla por la mitad. Remover el centro y trozar. Dejar a un lado.

Combinar la col rizada, perejil, brócoli, manzana y espinaca en una juguera. Pulsar y añadir el agua.

Refrigerar 10 minutos antes de servir.

Información nutricional por porción: Kcal: 223, Proteínas: 20.4g, Carbohidratos: 62.1g, Grasas: 3.5g

16. Jugo de Frutilla y Manzana

Ingredientes:

1 manzana roja grande, sin centro

2 frutillas grandes, en trozos

2 pomelos grandes, sin piel

1 nudo de jengibre pequeño, sin piel

2 onzas de agua de coco

Preparación:

Lavar la manzana y cortarla por la mitad. Remover el centro y trozar. Dejar a un lado.

Lavar y trozar las frutillas. Dejar a un lado.

Pelar los pomelos y dividirlos en gajos. Dejar a un lado.

Pelar el nudo de jengibre y dejar a un lado.

Combinar la manzana, frutillas, pomelos y jengibre en una juguera. Pulsar y transferir a un vaso. Añadir el agua de coco y refrigerar 20 minutos, o agregar hielo antes de servir.

Información nutricional por porción: Kcal: 302, Proteínas: 4.8g, Carbohidratos: 86.3g, Grasas: 1.7g

17. Jugo de Pera y Manzana

Ingredientes:

2 duraznos grandes, sin carozo

1 manzana Roja Deliciosa grande, sin centro

1 taza de frutillas, en trozos

1 limón grande, sin piel

1 kiwi grande, sin piel

1 naranja grande, sin piel

2 onzas de agua

Preparación:

Lavar los duraznos y cortarlos por la mitad. Remover los carozos y trozar. Dejar a un lado.

Lavar la manzana y cortarla por la mitad. Remover el centro y trozar. Dejar a un lado.

Lavar las frutillas bajo agua fría. Remover las partes verdes y trozar. Dejar a un lado.

Pelar el limón y kiwi. Cortarlos por la mitad y dejar a un lado.

Combinar los duraznos, manzana, frutillas, limón y kiwi en una juguera, y pulsar. Transferir a un vaso y añadir el agua. Agregar hielo y servir inmediatamente.

Información nutricional por porción: Kcal: 345, Proteínas: 7.8g, Carbohidratos: 105g, Grasas: 2.3g

18. Jugo de Frambuesas y Damascos

Ingredientes:

1 taza de frambuesas

3 damascos grandes, sin carozo

1 taza de moras

1 manzana Gala grande, sin centro

3 zanahorias grandes, sin piel

Preparación:

Combinar las frambuesas y moras en un colador grande. Lavar bajo agua fría y colar. Dejar a un lado.

Lavar los damascos y cortarlos por la mitad. Remover los carozos y trozar. Dejar a un lado.

Lavar la manzana y cortarla por la mitad. Remover el centro y trozar.

Lavar y pelar las zanahorias. Cortar en rodajas finas y dejar a un lado.

Combinar las frambuesas, damascos, moras, manzana y zanahorias en una juguera. Pulsar y transferir a un vaso. Añadir el agua y refrigerar 10-15 minutos antes de servir.

Información nutricional por porción: Kcal: 301, Proteínas: 7.6g, Carbohidratos: 97.4g, Grasas: 2.9g

19. Jugo de Kiwi y Lima

Ingredientes:

3 kiwis grandes, sin piel

1 lima grande, sin piel

1 calabacín grande, sin semillas

1 taza de semillas de granada

1 naranja grande, sin piel

Preparación:

Pelar los kiwis y lima. Cortarlos por la mitad y dejar a un lado.

Lavar el calabacín y cortarlo por la mitad. Remover las semillas, trozar y dejar a un lado.

Cortar la parte superior de la granada y deslizar hacia las membranas blancas. Remover las semillas a un vaso medidor y dejar a un lado.

Pelar la naranja y dividirla en gajos. Dejar a un lado.

Procesar los kiwis, lima, calabacín, semillas de granada y naranja en una juguera.

Transferir a un vaso y añadir hielo antes de servir.

Información nutricional por porción: Kcal: 183, Proteínas: 8.5g, Carbohidratos: 52.6g, Grasas: 1.6g

20. Jugo de Arándanos y Pepino

Ingredientes:

1 taza de arándanos

1 pepino grande, en rodajas

1 taza de mango, en trozos

1 manzana Zester grande, sin centro

2 onzas de agua

¼ cucharadita extracto de vainilla

Preparación:

Poner los arándanos en un colador y lavar bajo agua fría. Colar y dejar a un lado.

Lavar el pepino y cortarlo en rodajas finas. Dejar a un lado.

Lavar el mango y trozarlo. Rellenar un vaso medidor y reservar el resto para otro jugo.

Lavar la manzana y remover el centro. Trozar y dejar a un lado.

Combinar los arándanos, pepino, mango y manzana en una juguera, y pulsar.

Transferir a un vaso y añadir el extracto de vainilla. Agregar hielo antes de servir.

Información nutricional por porción: Kcal: 180, Proteínas: 5.9g, Carbohidratos: 63.5g, Grasas: 1.1g

21. Jugo de Zanahoria y Berro

Ingredientes:

2 zanahorias grandes, en rodajas

1 taza de berro, en trozos

1 taza de ananá, en trozos

1 lima grande, sin piel

1 nudo de jengibre pequeño, sin piel

2 onzas de agua

Preparación:

Lavar y pelar las zanahorias. Cortar en rodajas finas y dejar a un lado.

Lavar el berro bajo agua fría. Trozar y dejar a un lado.

Pelar el ananá y trozarlo. Dejar a un lado.

Pelar la lima y cortarla por la mitad. Dejar a un lado.

Pelar el jengibre y trozarlo. Dejar a un lado.

Combinar las zanahorias, berro, ananá, limón y jengibre en una juguera, y pulsar.

Transferir a vasos y añadir agua.

Agregar hielo y servir.

Información nutricional por porción: Kcal: 135, Proteínas: 3.3g, Carbohidratos: 40.6g, Grasas: 3.3g

22. Jugo de Lima y Apio

Ingredientes:

1 lima grande, sin piel

2 tallos de apio grandes, en trozos

2 pomelos grandes, sin piel

1 kiwi grande, sin piel

1 taza de lechuga de hoja roja, en trozos

2 onzas de agua

Preparación:

Pelar la lima y kiwi. Cortarlos por la mitad y dejar a un lado.

Lavar y trozar los tallos de apio. Dejar a un lado.

Pelar el pomelo y dividirlo en gajos. Dejar a un lado.

Lavar la lechuga bajo agua fría y trozarla. Dejar a un lado.

Combinar la lima, apio, pomelo, kiwi y lechuga en una juguera, y pulsar.

Transferir a un vaso y añadir el agua. Servir inmediatamente.

Información nutricional por porción: Kcal: 233, Proteínas: 6g, Carbohidratos: 70.7g, Grasas: 1.3g

23. Jugo de Damasco y Granada

Ingredientes:

2 damascos grandes, sin carozo

1 taza de semillas de granada

2 naranjas grandes, sin piel

1 taza de uvas verdes

1 limón grande, sin piel

1 rodaja de jengibre pequeña, sin piel

Preparación:

Lavar los damascos y cortarlos por la mitad. Remover los carozos y trozar. Dejar a un lado.

Cortar la parte superior de la granada y deslizar hacia las membranas blancas. Remover las semillas a un vaso medidor y dejar a un lado.

Pelar las naranjas y dividirlas en gajos. Dejar a un lado.

Pelar el limón y cortarlo por la mitad. Dejar a un lado.

Pelar la rodaja de jengibre y dejar a un lado.

Combinar los damascos, granada, naranjas, limón y

jengibre en una juguera. Pulsar y transferir a un vaso. Refrigerar 10 minutos antes de servir.

Información nutricional por porción: Kcal: 294, Proteínas: 7.2g, Carbohidratos: 88.9g, Grasas: 2.3g

24. Jugo de Naranja y Frambuesa

Ingredientes:

1 naranja grande, sin piel

1 taza de frambuesas

2 tazas de sandía, en trozos

1 kiwi grande, sin piel

2 onzas de agua de coco

Preparación:

Pelar la naranja y dividirla en gajos. Dejar a un lado.

Lavar las frambuesas bajo agua fría. Colar y dejar a un lado.

Cortar la sandía por la mitad. Para dos tazas, necesitará dos gajos grandes. Pelarlos y trozarlos. Remover las semillas y dejar a un lado. Reservar el resto en la nevera.

Pelar el kiwi y cortarlo por la mitad. Dejar a un lado.

Combinar la sandía, naranja, frambuesas y kiwi en una juguera. Pulsar y transferir a un vaso. Añadir el agua de coco y refrigerar 10 minutos antes de servir.

Información nutricional por porción: Kcal: 232, Proteínas: 5.8g, Carbohidratos: 71.4g, Grasas: 1.8g

25. Jugo Agrio de Manzana y Menta

Ingredientes:

1 manzana verde grande, sin centro

1 cucharada de menta fresca, en trozos

1 papaya grande, sin piel y en trozos

1 taza de semillas de granada

2 onzas de agua

Preparación:

Lavar la manzana y cortarla por la mitad. Remover el centro y trozar. Dejar a un lado.

Pelar la papaya y cortarla por la mitad. Remover las semillas y pulpa, trozar y dejar a un lado.

Cortar la parte superior de la granada y deslizar hacia las membranas blancas. Remover las semillas a un vaso medidor y dejar a un lado.

Combinar la manzana, menta, papaya y granada en una juguera. Pulsar y transferir a un vaso. Añadir agua y refrigerar antes de servir.

Información nutricional por porción: Kcal: 438, Proteínas: 6.1g, Carbohidratos: 129g, Grasas: 3.4g

26. Jugo de Lima y Guayaba

Ingredientes:

1 taza de ananá, en trozos

2 limas grandes, sin piel

1 taza de guayaba, en trozos

1 pepino grande, en rodajas

1 cucharada de menta fresca, en trozos

2 onzas de agua

Preparación:

Pelar las limas y cortarlas por la mitad. Dejar a un lado.

Lavar y trozar la guayaba. Rellenar un vaso medidor y reservar el resto en la nevera.

Cortar la parte superior del ananá y pelarlo. Trozar y rellenar un vaso medidor. Reservar el resto en la nevera.

Lavar el pepino y cortarlo en rodajas finas. Dejar a un lado.

Combinar las limas, guayaba, ananá, pepino y menta en una juguera. Pulsar y transferir a un vaso. Añadir el agua y refrigerar 15 minutos antes de servir.

Información nutricional por porción: Kcal: 158, Proteínas: 4.7g, Carbohidratos: 47.9g, Grasas: 1.1g

27. Jugo de Manzana y Espárragos

Ingredientes:

1 manzana roja grande, sin centro

1 taza de espárragos, recortados

1 taza de espinaca fresca, en trozos

1 taza de verdes de ensalada, en trozos

1 taza de verdes de mostaza, en trozos

2 onzas de agua

Preparación:

Lavar la manzana y cortarla por la mitad. Remover el centro y trozar. Dejar a un lado.

Recortar las puntas de los espárragos. Lavar y trozar. Dejar a un lado.

Combinar la espinaca, verdes de ensalada y verdes de mostaza en un colador grande. Lavar bajo agua fría y colar. Trozar y dejar a un lado.

Combinar la manzana, espárragos, espinaca, verdes de ensalada, y verdes de mostaza en una juguera, y pulsar. Transferir a un vaso y añadir el agua. Refrigerar 15 minutos antes de servir.

Información nutricional por porción: Kcal: 207, Proteínas: 16.1g, Carbohidratos: 58.6g, Grasas: 2.5g

28. Jugo de Manzana y Remolacha

Ingredientes:

1 manzana Roja Deliciosa grande, sin centro

1 taza de remolacha, en trozos

2 tazas de frambuesas

1 taza de menta fresca, en trozos

1 limón grande, sin piel

3 onzas de agua

Preparación:

Lavar la manzana y cortarla por la mitad. Remover el centro y trozar. Dejar a un lado.

Lavar la remolacha y recortar las puntas. Trozar y rellenar un vaso medidor. Reservar los verdes.

Lavar las frambuesas bajo agua fría. Colar y dejar a un lado.

Lavar la menta bajo agua fría y trozar. Dejar a un lado.

Pelar el limón y cortarlo por la mitad. Dejar a un lado.

Combinar la manzana, remolacha, frambuesas, menta y limón en una juguera. Pulsar, añadir el agua y refrigerar 10 minutos antes de servir.

Información nutricional por porción: Kcal: 218, Proteínas: 7.5g, Carbohidratos: 76.4g, Grasas: 2.5g

29. Jugo de Guayaba y Lima

Ingredientes:

1 lima grande, sin piel

2 naranjas grandes, sin piel

1 guayaba grande, sin piel

1 pepino grande, en rodajas

2 onzas de agua

1 cucharadita néctar de agave

Preparación:

Pelar la lima y cortarla por la mitad. Dejar a un lado.

Pelar las naranjas y dividirlas en gajos. Dejar a un lado.

Pelar y lavar la guayaba. Trozar y dejar a un lado.

Lavar el pepino y cortarlo en rodajas finas. Dejar a un lado.

Combinar la lima, naranja, guayaba y pepino en una juguera, y pulsar.

Transferir a un vaso y añadir el agua y néctar de agave. Agregar hielo y servir inmediatamente.

Información nutricional por porción: Kcal: 210, Proteínas: 7g, Carbohidratos: 65.7g, Grasas: 1.3g

30. Jugo de Espinaca y Limón

Ingredientes:

1 taza de espinaca fresca, en trozos

1 limón grande, sin piel

1 taza de apio, en trozos

1 taza de menta fresca, en trozos

2 onzas de agua

Preparación:

Lavar la espinaca y menta en un colador. Trozar y poner en un tazón mediano. Dejar a un lado.

Pelar el limón y cortarlo por la mitad. Dejar a un lado.

Lavar los tallos de apio y trozarlos. Rellenar un vaso medidor y dejar a un lado.

Combinar la espinaca, limón, apio y menta en una juguera, y pulsar. Transferir a un vaso y añadir el agua.

Refrigerar 5 minutos antes de servir.

Información nutricional por porción: Kcal: 35, Proteínas: 3.1g, Carbohidratos: 13.2g, Grasas: 0.7g

31. Jugo de Pera y Pimiento

Ingredientes:

1 pera grande, sin centro

1 pimiento rojo grande, en trozos

2 tazas de remolacha, en trozos

1 limón grande, sin piel

1 rodaja de jengibre pequeña, sin piel

3 onzas de agua

Preparación:

Lavar la pera y cortarla por la mitad. Remover el centro y trozar. Dejar a un lado.

Lavar el pimiento y cortarlo por la mitad. Remover las semillas y trozar. Dejar a un lado.

Lavar la remolacha y recortar las puntas. Trozar y rellenar un vaso medidor. Reservar los verdes. Dejar a un lado.

Pelar el limón y cortarlo por la mitad. Dejar a un lado.

Pelar la rodaja de jengibre y cortarla por la mitad. Dejar a un lado.

Combinar la pera, pimiento, remolacha, limón y jengibre en una juguera. Pulsar y transferir a un vaso.

Añadir el agua y hielo antes de servir.

Información nutricional por porción: Kcal: 239, Proteínas: 7.5g, Carbohidratos: 76.7g, Grasas: 1.4g

32. Jugo de Manzana y Canela

Ingredientes:

1 manzana Granny Smith grande, sin centro

¼ cucharadita canela molida

2 tazas de calabaza, en cubos

1 pepino grande, en rodajas

1 taza de Acelga, en trozos

2 onzas de agua

Preparación:

Lavar la manzana y cortarla por la mitad. Remover el centro y trozar. Dejar a un lado.

Pelar la calabaza y cortarla por la mitad. Remover las semillas, cortar un gajo grande y pelarlo. Cortar en cubos y rellenar un vaso medidor. Reservar el resto.

Lavar el pepino y cortarlo en rodajas finas. Dejar a un lado.

Lavar la acelga bajo agua fría. Colar y trozar. Dejar a un lado.

Combinar la manzana, calabaza, pepino y acelga en una juguera. Pulsar y añadir el agua y nuez moscada.

Refrigerar 10 minutos antes de servir.

Información nutricional por porción: Kcal: 196, Proteínas: 5.8g, Carbohidratos: 55.4g, Grasas: 1.1g

33. Jugo de Granada y Ciruela

Ingredientes:

1 taza de semillas de granada

4 ciruelas grandes, sin carozo

1 pimiento rojo grande, en trozos

1 taza de arándanos agrios

1 manzana Gala grande, sin centro

Preparación:

Cortar la parte superior de la granada y deslizar hacia las membranas blancas. Remover las semillas a un vaso medidor y dejar a un lado.

Lavar las ciruelas y cortarlas por la mitad. Remover los carozos y trozar. Dejar a un lado.

Lavar el pimiento y cortarlo por la mitad. Remover las semillas y trozar. Dejar a un lado.

Lavar los arándanos agrios y colar. Dejar a un lado.

Lavar la manzana y cortarla por la mitad. Remover el centro y trozar. Dejar a un lado.

Combinar la granada, ciruelas, arándanos agrios y manzana

en una juguera. Pulsar y añadir hielo antes de servir.

Información nutricional por porción: Kcal: 277, Proteínas: 6g, Carbohidratos: 83g, Grasas: 1.4g

34. Jugo de Moras y Pepino

Ingredientes:

1 taza de moras

1 pepino grande, en rodajas

5 ciruelas grandes, sin carozo

1 taza de repollo verde, en trozos

2 onzas de agua

Preparación:

Lavar las moras bajo agua fría. Colar y dejar a un lado.

Lavar el pepino y cortarlo en rodajas finas. Dejar a un lado.

Lavar las ciruelas y cortarlas por la mitad. Remover los carozos y cortar en cuartos. Dejar a un lado.

Lavar el repollo bajo agua fría. Colar y trozar. Dejar a un lado.

Combinar las moras, pepino, ciruelas y repollo en una juguera, y pulsar. Transferir a un vaso y añadir el agua. Refrigerar 10 minutos antes de servir.

Información nutricional por porción: Kcal: 221, Proteínas: 7.5g, Carbohidratos: 69.1g, Grasas: 2.1g

35. Jugo de Limón y Lima

Ingredientes:

1 limón grande, sin piel

1 lima grande, sin piel

1 alcachofa grande, en trozos

1 calabacín mediano, en trozos

1 taza de menta fresca, en trozos

1 taza de repollo morado, en trozos

2 onzas de agua

Preparación:

Pelar el limón y lima. Cortarlos por la mitad y dejar a un lado.

Remover las hojas externas de la alcachofa. Lavar y trozar. Dejar a un lado.

Pelar el calabacín y cortarlo por la mitad. Remover las semillas y pelarlo. Trozar y dejar a un lado.

Combinar la menta y repollo en un colador. Lavar bajo agua fría y trozar. Dejar a un lado.

Combinar el limón, lima, alcachofa, calabacín, albahaca y repollo en una juguera. Pulsar y añadir el agua.

Refrigerar 15 minutos antes de servir.

Información nutricional por porción: Kcal: 104, Proteínas: 10.4g, Carbohidratos: 38.1g, Grasas: 1.3g

36. Jugo Salado Verde

Ingredientes:

1 taza de berro, en trozos

1 taza de verdes de ensalada, en trozos

1 taza de espárragos, recortados

1 pimiento verde, en trozos

1 pepino grande, en rodajas

2 onzas de agua

¼ cucharadita sal

Preparación:

Combinar el berro y verdes de ensalada en un colador, y lavar bajo agua fría. Trozar y dejar a un lado.

Lavar los espárragos y recortar las puntas. Trozar y rellenar un vaso medidor. Reservar el resto.

Lavar el pimiento y cortarlo por la mitad. Remover las semillas y trozar. Dejar a un lado.

Lavar el pepino y cortarlo en rodajas finas. Dejar a un lado.

Combinar el berro, verdes de ensalada, espárragos,

pimiento y pepino en una juguera, y pulsar. Transferir a un vaso y añadir la sal y agua. Refrigerar 10-15 minutos antes de servir.

Información nutricional por porción: Kcal: 86, Proteínas: 8.2g, Carbohidratos: 26.1g, Grasas: 1g

37. Jugo de Espárragos y Limón

Ingredientes:

1 taza de espárragos frescos, recortado y en trozos

1 limón entero, sin piel

1 taza de semillas de granada

1 cucharada de miel líquida

1 onza de agua

Preparación:

Lavar los espárragos y recortar las puntas. Trozar y dejar a un lado.

Pelar el limón y cortarlo en cuartos. Dejar a un lado.

Cortar la parte superior de la granada y deslizar hacia las membranas blancas. Remover las semillas a un vaso medidor y dejar a un lado.

Combinar los espárragos, limón y semillas de granada en una juguera, y pulsar. Transferir a un vaso y añadir la miel y agua.

Agregar hielo y servir.

Información nutricional por porción: Kcal: 145, Proteínas: 5.1g, Carbohidratos: 26.8g, Grasas: 1.3g

38. Jugo de Arándanos y Lima

Ingredientes:

2 tazas de arándanos

1 lima entera, sin piel

1 taza de sandía, en cubos

1 taza de menta fresca, en trozos

¼ cucharadita pimienta cayena, molida

1 onza de agua

Preparación:

Poner los arándanos en un colador y lavarlos bajo agua fría. Dejar a un lado.

Pelar la lima y cortarla por la mitad. Dejar a un lado.

Cortar un gajo grande de sandía. Pelarlo y cortar en cubos. Remover las semillas y dejar a un lado.

Lavar la albahaca y trozarla. Dejar a un lado.

Combinar los arándanos, lima, sandía y albahaca en una juguera. Pulsar, transferir a un vaso y añadir la pimienta cayena y agua.

Refrigerar 5 minutos antes de servir.

Información nutricional por porción: Kcal: 198, Proteínas: 4.1g, Carbohidratos: 58.7g, Grasas: 1.4g

39. Jugo de Mango y Menta

Ingredientes:

1 taza de mango, en trozos

1 taza de menta fresca, en trozos

1 pomelo entero, sin piel

1 banana grande, sin piel

2 frutillas grandes, en trozos

Preparación:

Pelar el mango y trozarlo. Rellenar un vaso medidor y reservar el resto en la nevera.

Lavar la menta y trozarla. Dejar a un lado.

Pelar el pomelo y dividirlo en gajos. Cortar cada gajo por la mitad y dejar a un lado.

Pelar la banana y trozarla. Dejar a un lado.

Lavar las frutillas y remover las hojas. Trozar y dejar a un lado.

Combinar el mango, menta, pomelo, banana y frutillas en una juguera, y pulsar. Transferir a un vaso y añadir hielo antes de servir.

Información nutricional por porción: Kcal: 301, Proteínas: 5.9g, Carbohidratos: 88.5g, Grasas: 1.7g

40. Jugo de Remolacha y Naranja

Ingredientes:

1 remolacha entera, en rodajas

1 naranja mandarina pequeña, en gajos

1 taza de ananá, en trozos

2 cucharadas de agua de coco

¼ cucharadita jengibre, molido

Preparación:

Lavar y recortar la remolacha. Cortar en rodajas finas y dejar a un lado.

Pelar la naranja y dividirla en gajos. Cortar cada gajo por la mitad y dejar a un lado.

Cortar la parte superior del ananá y pelarlo. Trozar y rellenar un vaso medidor. Reservar el resto en la nevera.

Combinar la remolacha, naranja y ananá en una juguera, y pulsar. Transferir a un vaso y añadir el agua de coco y jengibre.

Agregar hielo picado y servir inmediatamente.

Información nutricional por porción: Kcal: 135, Proteínas: 3.1g, Carbohidratos: 40.7g, Grasas: 0.5g

41. Jugo de Col Rizada y Menta

Ingredientes:

1 taza de apio, en trozos

1 taza de col rizada fresca, en trozos

1 taza de menta fresca, en trozos

1 lima entera, sin piel

1 manzana Granny Smith pequeña, sin centro

Preparación:

Combinar la col rizada y menta en un colador grande. Lavar bajo agua fría, colar y trozar. Dejar a un lado.

Lavar el apio y trozarlo. Rellenar un vaso medidor y dejar a un lado.

Pelar y trozar la lima. Dejar a un lado.

Lavar la manzana y cortarla por la mitad. Remover el centro y trozar. Dejar a un lado.

Combinar la col rizada, menta, apio, lima y manzana en una juguera, y pulsar. Transferir a un vaso y añadir hielo antes de servir.

Información nutricional por porción: Kcal: 121, Proteínas: 5.3g, Carbohidratos: 35.8g, Grasas: 1.3g

42. Jugo de Apio y Zester

Ingredientes:

2 tallos de apio medianos, en trozos

1 manzana Zester pequeña, sin centro

1 taza de col rizada fresca, en trozos

1 taza de Lechuga romana, rallada

Preparación:

Lavar los tallos de apio y trozarlos. Dejar a un lado.

Lavar la manzana y cortarla por la mitad. Remover el centro y trozar. Dejar a un lado.

Lavar la col rizada bajo agua fría. Colar y trozar. Dejar a un lado.

Lavar las hojas de lechuga y rallarla. Rellenar un vaso medidor y reservar el resto.

Combinar el apio, manzana, col rizada y lechuga en una juguera, y pulsar. Transferir a un vaso y añadir hielo antes de servir.

Información nutricional por porción: Kcal: 103, Proteínas: 4.6g, Carbohidratos: 29.4g, Grasas: 1.2g

43. Jugo Verde de Jengibre

Ingredientes:

1 taza de verdes de ensalada, en trozos

2 tazas de Acelga, en trozos

1 taza de col rizada fresca, en trozos

1 limón entero, sin piel

1 taza de pepino, en rodajas

¼ cucharadita jengibre, molido

Preparación:

Combinar los verdes de ensalada, acelga y col rizada en un colador grande. Lavar bajo agua fría, colar y trozar. Dejar a un lado.

Pelar el limón y cortarlo por la mitad. Dejar a un lado.

Lavar el pepino y cortarlo en rodajas finas. Rellenar un vaso medidor y reservar el resto en la nevera. Dejar a un lado.

Combinar la acelga, col rizada, verdes de ensalada, limón y pepino en una juguera. Pulsar.

Transferir a un vaso y añadir el jengibre.

Información nutricional por porción: Kcal: 57, Proteínas: 6.3g, Carbohidratos: 17.8g, Grasas: 1.2g

44. Jugo de Brócoli y Pepino

Ingredientes:

1 taza de brócoli, en trozos

1 taza de pepino, en rodajas

1 pimiento rojo grande, en trozos

1 tallo de apio grande, en trozos

¼ cucharadita de jengibre, molido

Preparación:

Lavar el brócoli y recortar las capas marchitas. Trozar y dejar a un lado.

Lavar el pepino y cortarlo en rodajas finas. Rellenar un vaso medidor y reservar el resto en la nevera.

Lavar el pimiento y cortarlo por la mitad. Remover las semillas, cortar en rodajas finas y dejar a un lado.

Lavar y trozar el tallo de apio. Dejar a un lado.

Combinar el pimiento, brócoli, pepino y apio en una juguera, y pulsar. Transferir a un vaso y añadir el jengibre.

Refrigerar 10 minutos antes de servir.

Información nutricional por porción: Kcal: 71, Proteínas: 4.9g, Carbohidratos: 19.7g, Grasas: 1g

45. Jugo de Brotes de Bruselas y Zanahoria

Ingredientes:

1 taza de Brotes de Bruselas, recortados

1 zanahoria grande, en rodajas

1 alcachofa grande, sin piel y en trozos

1 taza de apio fresco, en trozos

1 taza de verdes de nabo, en trozos

1 manzana verde grande, sin centro

½ cucharadita de cúrcuma molida

2 onzas de agua

Preparación:

Recortar las hojas externas de los brotes de Bruselas y lavar bien. Cortarlos por la mitad y dejar a un lado.

Lavar la zanahoria y cortarla en rodajas finas. Dejar a un lado.

Recortar las hojas externas de la alcachofa. Trozar y dejar a un lado.

Lavar y trozar el apio. Dejar a un lado.

Lavar la manzana y cortarla por la mitad. Remover el centro y trozar. Dejar a un lado.

Lavar los verdes de nabo y trozar. Dejar a un lado.

Combinar los brotes de Bruselas, zanahoria, alcachofa, apio, verdes de nabo y manzana en una juguera, y pulsar. Transferir a un vaso y añadir la cúrcuma y agua. Agregar hielo antes de servir.

Información nutricional por porción: Kcal: 205, Proteínas: 11.3g, Carbohidratos: 66.7g, Grasas: 1.4g

46. Jugo de Calabaza y Chirivías

Ingredientes:

3 pimientos rojos grandes, en trozos

1 taza de zapallo calabaza, en cubos

1 taza de chirivías, en rodajas

1 cucharada de perejil fresco, en trozos

¼ cucharadita sal

2 onzas de agua

Preparación:

Pelar el zapallo calabaza y remover las semillas. Cortar en cubos pequeños y rellenar un vaso medidor. Reservar el resto en la nevera.

Lavar y pelar las chirivías. Cortar en rodajas finas y dejar a un lado.

Lavar los pimientos y cortarlos por la mitad. Remover las semillas y trozar.

Combinar el zapallo calabaza, chirivías, pimiento y perejil en una juguera. Pulsar, transferir a un vaso y añadir el agua y sal. Agregar hielo y servir inmediatamente.

Información nutricional por porción: Kcal: 238, Proteínas: 7.9g, Carbohidratos: 70.2g, Grasas: 2.1g

47. Jugo de Manzana y Mango

Ingredientes:

1 manzana mediana, sin centro

1 taza de mango, en trozos

1 taza de semillas de granada

1 rodaja de jengibre pequeña

¼ cucharadita canela molida

1 onza de agua

Preparación:

Lavar la manzana y cortarla por la mitad. Remover el centro y trozar. Dejar a un lado.

Pelar y trozar el mango. Rellenar un vaso medidor y reservar el resto en la nevera. Dejar a un lado.

Cortar la parte superior de la granada y deslizar hacia las membranas blancas. Remover las semillas a un vaso medidor y dejar a un lado.

Pelar y trozar el jengibre. Dejar a un lado.

Combinar la manzana, mango, semillas de granada y jengibre en una juguera, y pulsar. Transferir a un vaso y añadir la canela y agua.

Refrigerar 10 minutos antes de servir.

Información nutricional por porción: Kcal: 227, Proteínas: 3.6g, Carbohidratos: 64.1g, Grasas: 1.9g

48. Jugo de Zanahoria y Berro

Ingredientes:

1 zanahoria grande, en rodajas

1 taza de berro, en trozos

1 taza de calabaza, en cubos

1 manzana Dorada Deliciosa pequeña, sin centro y en trozos

1 limón entero, sin piel

Preparación:

Lavar y pelar la zanahoria. Cortar en rodajas finas y dejar a un lado.

Lavar el berro bajo agua fría. Colar y trozar. Dejar a un lado.

Cortar la parte superior de la calabaza. Cortarla por la mitad y remover las semillas. Cortar un gajo grande y pelarlo. Trozar en cubos y rellenar un vaso medidor. Reservar el resto en la nevera.

Lavar la manzana y cortarla por la mitad. Remover el centro y trozar. Dejar a un lado.

Pelar el limón y cortarlo por la mitad. Dejar a un lado.

Combinar la zanahoria, berro, calabaza, manzana y limón en una juguera, y pulsar. Transferir a un vaso y añadir hielo antes de servir.

Información nutricional por porción: Kcal: 126, Proteínas: 3.6g, Carbohidratos: 37.8g, Grasas: 0.7g

49. Jugo de Ananá y Espinaca

Ingredientes:

1 taza de ananá, en trozos

1 taza de espinaca, en trozos

1 taza de cerezas, sin carozo

1 limón entero, sin piel

¼ cucharadita canela molida

1 onza de agua

Preparación:

Cortar la parte superior del ananá. Remover la piel y cortarlo en rodajas finas. Rellenar un vaso medidor y reservar el resto en la nevera.

Lavar la espinaca bajo agua fría y colar. Trozar y dejar a un lado.

Poner las cerezas en un colador mediano. Lavar bajo agua fría, cortarlas por la mitad y remover los carozos. Rellenar un vaso medidor y reservar el resto en la nevera.

Pelar el limón y cortarlo por la mitad. Dejar a un lado.

Combinar el ananá, espinaca, cerezas y limón en una

juguera, y pulsar. Transferir a un vaso y añadir el agua.

Agregar hielo picado y servir inmediatamente.

Información nutricional por porción: Kcal: 196, Proteínas: 9.2g, Carbohidratos: 59.3g, Grasas: 1.5g

50. Jugo de Naranja y Manzana

Ingredientes:

1 taza de papaya, en trozos

1 naranja grande, sin piel

1 manzana Granny Smith pequeña, sin centro

1 taza de menta fresca, en trozos

1 cucharada de albahaca fresca, en trozos

Preparación:

Pelar la naranja y dividirla en gajos. Cortar cada gajo por la mitad y dejar a un lado.

Lavar la manzana y cortarla por la mitad. Remover el centro y trozar. Dejar a un lado.

Lavar y pelar la papaya. Cortarla por la mitad y remover las semillas. Trozar y rellenar un vaso medidor. Reservar el resto en la nevera.

Lavar la menta bajo agua fría. Colar y trozar. Dejar a un lado.

Combinar la naranja, manzana, papaya, menta y albahaca en una juguera, y pulsar. Transferir a un vaso y añadir hielo.

Servir inmediatamente.

Información nutricional por porción: Kcal: 199, Proteínas: 4.1g, Carbohidratos: 60.1g, Grasas: 1.1g

51. Jugo de Chirivías y Zanahoria

Ingredientes:

1 taza de chirivías, en rodajas

1 zanahoria grande, en rodajas

1 taza de coliflor, en trozos

1 taza de hinojo, recortado y en trozos

1 lima entera, sin piel

Preparación:

Lavar y pelar las chirivías. Cortar en rodajas finas y rellenar un vaso medidor. Reservar el resto.

Lavar y pelar la zanahoria. Cortar en rodajas finas y dejar a un lado.

Lavar la coliflor y recortar las hojas externas. Trozar y rellenar un vaso medidor. Reservar el resto.

Recortar las capas marchitas del hinojo. Lavar y trozar. Rellenar un vaso medidor y reservar el resto. Dejar a un lado.

Pelar la lima y cortarla por la mitad. Dejar a un lado.

Combinar las chirivías, zanahoria, coliflor, hinojo y lima en una juguera, y pulsar.

Transferir a un vaso y refrigerar 10 minutos antes de servir.

Puede añadir cúrcuma o jengibre para más sabor.

Información nutricional por porción: Kcal: 141, Proteínas: 5.6g, Carbohidratos: 46.2g, Grasas: 1.1g

52. Jugo de Menta y Manzana

Ingredientes:

1 taza de menta fresca, en trozos

1 manzana roja grande, sin centro

1 taza de arándanos

1 pepino grande, en rodajas

2 onzas de agua de coco

Preparación:

Lavar y trozar la menta. Dejar a un lado.

Lavar la manzana y cortarla por la mitad. Remover el centro y trozar. Dejar a un lado.

Poner los arándanos en un colador y lavar bajo agua fría. Colar y dejar a un lado.

Lavar y pelar el pepino. Cortar en rodajas finas y dejar a un lado.

Combinar la menta, manzana, arándanos y pepino en una juguera. Pulsar y transferir a un vaso. Añadir el agua de coco y refrigerar 10 minutos antes de servir.

Información nutricional por porción: Kcal: 258, Proteínas: 4.7g, Carbohidratos: 74.6g, Grasas: 1.6g

OTROS TITULOS DE ESTE AUTOR

70 Recetas De Comidas Efectivas Para Prevenir Y Resolver Sus Problemas De Sobrepeso: Queme Calorías Rápido Usando Dietas Apropiadas y Nutrición Inteligente

Por

Joe Correa CSN

48 Recetas De Comidas Para Eliminar El Acné: ¡El Camino Rápido y Natural Para Reparar Sus Problemas de Acné En 10 Días O Menos!

Por

Joe Correa CSN

41 Recetas De Comidas Para Prevenir el Alzheimer: ¡Reduzca El Riesgo de Contraer La Enfermedad de Alzheimer De Forma Natural!

Por

Joe Correa CSN

70 Recetas De Comidas Efectivas Para El Cáncer De Mama: Prevenga Y Combata El Cáncer De Mama Con una Nutrición Inteligente y Alimentos Poderosos

Por

Joe Correa CSN

www.ingramcontent.com/pod-product-compliance
Lightning Source LLC
Chambersburg PA
CBHW052034070526
44584CB00016B/2031